ALBUM GARFIELD

PRESSES AVENTURE

Publié par **Presses Aventure,** une division de
Les Publications Modus Vivendi inc.
55, rue Jean-Talon Ouest, 2e étage
Montréal (Québec) Canada
H2R 2W8

Infographie : Modus Vivendi
Version française : Jean-Robert Saucyer

Dépôt légal – Bibliothèque et Archives nationales du Québec, 2010
Dépôt légal – Bibliothèque et Archives Canada, 2010

ISBN 978-2-89660-097-7

Nous reconnaissons le soutien financier du gouvernement du Canada par l'entremise
du Programme d'aide au développement de l'industrie de l'édition (PADIÉ) pour nos
activités d'édition.

Gouvernement du Québec – Programme de crédit d'impôt pour l'édition de livres –
Gestion SODEC

Imprimé en Chine

Distributed by Universal Press Syndicate

www.garfield.com

JIM DAVIS 1-8

JE SUIS PRÊT POUR CE RENDEZ-VOUS! QU'EN DIS-TU?

OH, OUAIS!

SÛR QUE JE N'EN FAIS PAS TROP?

PAS DU TOUT! TU ES PILE-POIL! BEAU COMME UN CŒUR!

SLAM

TU NE VEUX PAS SAVOIR CE QUI S'EST PASSÉ AVEC LA FILLE?

CE QUI SIGNIFIE QUE JE VEUX SAVOIR CE QUI S'EST PASSÉ!

LE PLUS ÉTRANGE, GARFIELD, C'EST QU'ELLE AVAIT UNE NARINE PLUS GRANDE QUE L'AUTRE

LORSQU'ELLE INHALAIT, ELLE SOUFFLAIT COMME UN MIRLITON

ET LORSQU'ELLE EXHALAIT

FAITES-LE TAIRE

BUMP!

QU'EST-CE QUE C'EST?

J'AI ENTENDU UN BRUIT DE COUP DANS LA NUIT!

JIM DAVIS 1-22

BUMP!

ENCORE CE BRUIT! IL SE RAPPROCHE IL VIENT VERS MOI!

BUMP!

CE BRUIT DANS LA NUIT SE RAPPROCHE DE MOI!!

BUMP!

EEEYAAAAHHH!!

IL FAIT FROID DEHORS

Z'AI DIT : ZE ZUIS DÉZOLÉ

ÇA POURRAIT SIGNIFIER PRESQUE N'IMPORTE QUOI

JE NE SUIS PAS DIGNE DE VOUS!

BIEN DIT!

TANT PIS POUR L'HUMILITÉ!

BIEN DIT!

DONC, LA MORALE DE L'HISTOIRE

ME REVOILÀ!

JE RACONTAIS UNE HISTOIRE ET TU ES PARTI!

TU NE LA RACONTERAS PAS DE NOUVEAU, J'ESPÈRE?

EEERRRRRGGGHHHH

NNNNNGGGHHHHH

POOT

AAARRRGH

IL FAUT EN AVOIR VRAIMENT ENVIE

JIM DAVIS 1-29

EGAS
DUSOHR

HORS
D'USAGE

VOYEZ
CETTE NEIGE

REGARDER LA NEIGE
TOMBER A QUELQUE CHOSE
D'ÉTRANGEMENT DIVERTISSANT

BIEN SÛR, REGARDER JON LA
LANGUE COLLÉE À LA BOÎTE AUX
LETTRES AJOUTE BEAUCOUP À
L'ÉLÉMENT DIVERTISSANT

QUELLE JOURNÉE!
MON PANTALON
EST TOMBÉ

EN PUBLIC,
DE SURCROÎT!

JE CROIS QUE
PERSONNE NE S'EN
EST RENDU COMPTE

AU MOINS,
LA PHOTO MONTRE
TON MEILLEUR
PROFIL

AUJOUR-D'HUI

JE VAIS VOUS MONTRER

COMMENT TRANSFORMER QUELQUE CHOSE

DE BANAL

EN ŒUVRE D'ART

JE L'INTITULE : 'CORNICHON AU REPOS'

Z

JIM DAVIS 2-5

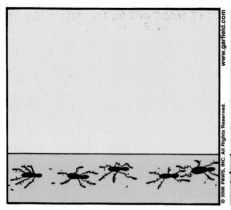

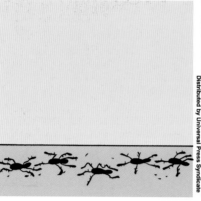

PSSSSHHHT

CE N'EST PAS DU CHASSE-MOUSTIQUE, MAIS DE L'EAU DE COLOGNE

SALUT, L'AMI!

?

AAAHHHH!

DÉPOSEZ, DANS UN GRAND PANIER, DEUX PANTALONS

CINQ PULLS, QUATRE CHEMISES ET UNE SERVIETTE

AJOUTEZ QUELQUES CALEÇONS, TROIS MOUCHOIRS, UNE CHAUSSETTE SOLITAIRE

UN CHAT

ET TOUIL-LEZ!

POUR UNE PER-SONNE

JIM DAVIS 2-12

RESTE CONTRE LE VENT PAR RAPPORT À LA CHOUCROUTE

UNE PHILOSO-PHIE SENSÉE

DOUBLE PORTION DE SAUCISSON ET D'OIGNON, ET TRIPLE PORTION D'OLIVES ET D'ANCHOIS. ENTENDU?

BIEN. À PRÉSENT, EN PAGE DEUX

IL SANGLOTE

UN DÉBU-TANT

NE PAS DÉRANGER

NE PAS DÉRANGER

Z

JE ME SUIS ÉCHAPPÉ DU ZOO!

JE SUIS LIBRE!

HOURRA!

YOUPI!

HUM OUAIS

JE DOIS Y RETOURNER. C'EST L'HEURE DE LA PÂTÉE

EMMÈNE-MOI AVEC TOI!

JIM DAVIS 2-19

RENDEZ-VOUS RATÉ, GARFIELD

NOUS FAISIONS DU CANOË EN AMOUREUX

ET ELLE A NOYÉ MON BANJO

IL N'EST PAS UN JURY AU MONDE

ALLÔ?

VOUS APPELEZ POUR DIRE QUE VOUS NE SORTIREZ PAS AVEC MOI?

QUI APPELLE, JE VOUS PRIE?

L'ENSEMBLE DE LA POPULATION FÉMININE

RENDEZ-VOUS RATÉ, GARFIELD

NOUS AVONS FAIT UNE PROMENADE EN FORÊT

ET UN ARBRE LUI EST TOMBÉ DESSUS

A-T-ELLE LAISSÉ ÉCHAPPER UN SON?

J'AIME BIEN RESTER

COMMENT DIT-ON, AU JUSTE?

ACTIF!

BURP

THON

BIEN TROUVÉ! JE REVIENS TOUT DE SUITE!

JE NE VEUX PLUS DEVINER LE PARFUM DE TES ROTS

BURP!

BRAVO!

BEEP! BEEP! BEEP! BEEP!

JE PEUX DÉCLENCHER UNE ALARME D'AUTO!

BEEP! BEEP! BEEP! BEEP!

NE VAS-TU PAS PRENDRE LE DERNIER BISCUIT ?

CAR, SI TU NE LE VEUX PAS, JE LE PRENDRAI

ATTENTION À LA PELOUSE

TOUT CE QUE J'AI FAIT AUJOURD'HUI A MAL TOURNÉ

JE N'AI RIEN FAIT AUJOURD'HUI

VOIS-TU OÙ JE VEUX EN VENIR ?

BONSOIR À TOUS!

NOUS VOUS PRIONS DE BIEN VOULOIR RESTER ASSIS PENDANT LA DURÉE DU SPECTACLE

ET DE VOUS ABSTENIR D'APPLAUDIR AVANT LA FIN DE LA PRESTATION

EN OUTRE, IL EST INTERDIT DE FUMER, DE PARLER, DE PRENDRE DES PHOTOS, D'ENREGISTRER OU DE PARLER AU TÉLÉPHONE

KONK!

OU DE LANCER DES ANANAS

QU'EN EST-IL DES ANANAS EN MORCEAUX?

JIM DAVIS 3-12

CHÈRE HÉLÈNE

IL M'EST IMPOSSIBLE D'EXPRIMER EN MOTS CE QUE J'ÉPROUVE POUR VOUS

MAIS J'AI COMPOSÉ UNE TYROLIENNE QUI TRADUIT BIEN MES SENTIMENTS

HÉLÈNE, LE SENTIMENT QUE J'ÉPROUVE POUR VOUS

NE PARTIRA PAS

COMME UNE PLAQUE D'URTICAIRE

VITE, DE L'AIR!

HÉLÈNE M'A MIS EN ATTENTE

JOLIE MÉLODIE

ON DIRAIT UNE TONALITÉ

LES AMIS, VAQUEZ À VOS OCCUPATIONS; NOUS SERONS ICI PENDANT UN LOOONG MOMENT

UN AUTRE PETIT DÉJEUNER COMME LES AUTRES

GARFIELD

JON PREND UN CAFÉ

JIM DAVIS 3·19

ODIE S'AMUSE AVEC SA SEMPITERNELLE BALLE À GRELOT

EUF PLUS ÇA VA, MOINS ÇA CHANGE

YOUPI!

PLUS QU'UN BISCUIT

CE VIEUX BISCUIT QUI TRAÎNE DEPUIS LONGTEMPS AU FOND DU POT

COUVERT DE LA POUSSIÈRE D'UN MILLION DE BISCUITS AVANT LUI ET DES EMPREINTES D'UN MILLION DE DOIGTS GRAS

RASSIS, DESSÉCHÉ ET DIFFORME, UN MONSTRE DE BISCUIT

ET POURTANT, MALGRÉ LA DESCRIPTION TRÈS CRUE QUE JE VIENS D'EN FAIRE

JE NE POURRAI PAS ME CONVAINCRE DE NE PAS LE CROQUER

EILEEN BULTWIGER J'AVAIS UN TEL BÉGUIN POUR ELLE

EUF

J'ESPÈRE QU'ELLE EST GROSSE À PRÉSENT

JE PERÇOIS UNE POINTE D'AMERTUME

GARFIELD, AU CHAPITRE DES FEMMES, JE JOUE LES INACCESSIBLES

J'EN DOUTE FORT

COMMENT PEUT-ON JOUER LES INACCESSIBLES QUAND ELLES JOUENT LES INTROUVABLES ?

DEBBIE A TÉLÉPHONÉ POUR SE DÉSISTER

BIZARRE, NOUS N'AVIONS PAS RENDEZ-VOUS

EN FAIT, JE NE CONNAIS PAS DE DEBBIE

UNE FILLE N'EST JAMAIS TROP PRUDENTE

CE QUE J'AIMERAIS RENCONTRER UNE FILLE

QUI NE ME FRAPPERAIT PAS AVEC SON SAC À MAIN!

MONSIEUR JOUE LES DIFFICILES À SATISFAIRE

CE SOIR, J'IRAI À UN RENDEZ-VOUS IMAGINAIRE!

TRISTE

MÊME SON IMAGINATION EST DÉSESPÉRÉE

BIEN, MERCI DU RAPPEL, JANINE

ELLE TÉLÉPHONE UNE FOIS LA SEMAINE POUR ME DIRE QU'ELLE NE SORTIRA JAMAIS AVEC MOI

ELLE PENSE SANS CESSE À MOI

DON JUAN, VA

Distributed by Universal Press Syndicate

JIM DAVIS 4-16

JE N'AI PAS INS-
TALLÉ CETTE
AFFICHE

GARE
AU
CHAT

MAIS J'AIME RESTER
À CÔTÉ

GARE
AU
CHAT

JE PRATIQUE
L'INTIMIDATION
EN DIFFÉRÉ

GARE
CHAT

TU FERAS COMME JE DIS,
CAR JE SUIS TON MAÎTRE!

TU ES MIGNON,
MAIS TU DÉLIRES

PAT PAT
PAT

JE CROYAIS QUE
NOUS ÉTIONS
MARDI

MAIS IL S'AVÈRE
QUE NOUS SOMMES
MERCREDI

EN DÉPIT DE CETTE ÉTONNANTE
RÉVÉLATION, MESDAMES ET
MESSIEURS, CE TYPE EST
TOUJOURS FONCTIONNEL!

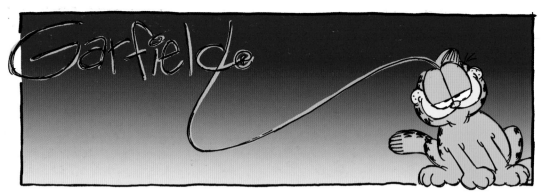

HÉLÈNE, JON À L'APPAREIL. COMMENT ALLEZ-VOUS?

SUPER! ET AU TRAVAIL? QUOI DE NOUVEAU? OH, RAVI DE L'ENTENDRE!

HÉLÈNE, J'IMAGINE QUE VOUS VOUS DEMANDEZ LA RAISON DE CET APPEL

C'EST QUE, VOYEZ-VOUS, IL Y A LONGTEMPS QUE JE NE SUIS PAS SORTI AVEC UNE FILLE

ET JE SUIS AUSSI DÉSESPÉRÉ QU'UN SINGE EN MANQUE DE BANANES

JIM DAVIS 4-23

JE DOIS PEAUFINER MES SOURIRES

OU TE FAIRE GREFFER UNE QUEUE

J'ADORE LES DESSINS ANIMÉS

EST-CE UN GRILLE-PAIN QUI CHANTE LA TYROLIENNE?

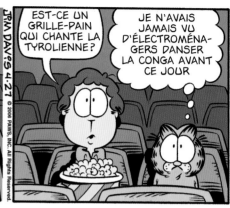

JE N'AVAIS JAMAIS VU D'ÉLECTROMÉNAGERS DANSER LA CONGA AVANT CE JOUR

QUELQU'UN VEUT-IL S'AMUSER COMME UN FOU?

OSEZ, SI VOUS LE POUVEZ

DES CITOYENS EN DÉTRESSE? VOICI UNE MISSION POUR

SUPER-INDÉCIS

RATTLE

RATTLE
RATTLE
RATTLE
RATTLE

CLICK

JIM DAVIS 4-30

LA CHATIÈRE N'EST PAS POUR TOI?

QUESTION DE DIGNITÉ

HÉLÈNE, LE MOMENT EST VENU POUR NOTRE RELATION DE PASSER À UN AUTRE NIVEAU

JIM DAVIS 5-4

VOUS DITES?

CE N'EST PAS UN AUTRE NIVEAU, HÉLÈNE. C'EST UN AUTRE PAYS

JON N'EST PAS AUSSI ABRUTI QU'IL EN A L'AIR

JE SUIS FIN PRÊT POUR CE GRAND RENDEZ-VOUS!

JIM DAVIS 5-5

JE N'AI PAS DE GRAND RENDEZ-VOUS!

LE QUALIFI-CATIF «GRAND» A VENDU LA MÈCHE

HÉLÈNE À VOS SOUHAITS AVEZ-VOUS REÇU À VOS SOUHAITS LES FLEURS À VOS SOUHAITS QUE J'AI ENVOYÉES?

JIM DAVIS 5-6

QU'ENTENDEZ-VOUS PAR «DEVINEZ»?

COMMENT LE SAURAIS-JE?

POUR CELA, IL FAUDRAIT UN CERVEAU

DU LARD
EN TRAIN
DE FRIRE

JIM DAVIS 5-7

JPM DAVIS 5-14

TU SAIS, GARFIELD

CERTAINS ANIMAUX SONT ASSEZ DISTRAYANTS

C'EST VRAI?

OÙ POURRAIS-JE M'EN PROCURER UN?!

WOUF!

AS-TU VU COMBIEN JE SUIS RESTÉ COOL PENDANT TON EXPOSÉ DE DEUX HEURES?

J'AI VU QUE TU T'ES MÊME ENDORMI À UN MOMENT

SUPER COOL!

SI TU MASTIQUAIS PLUS LONG-TEMPS, TU AURAIS L'IMPRESSION D'AVOIR DAVANTAGE DE NOURRITURE

NON. SI J'AVAIS DAVANTAGE DE NOURRITURE, J'AURAIS L'IMPRES-SION D'AVOIR DAVANTAGE DE NOURRITURE

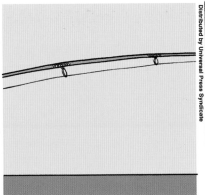

ÉLOIGNE-TOI DE MA DARNE DE SAUMON!

CE NŒUD EST-IL TROP GROS?

PAS DU TOUT

POURVU QUE TES AMIS DU CIRQUE N'Y VOIENT PAS D'INCONVÉNIENT, JE NE M'EN FORMALISERAI PAS!

UN AUTRE SAMEDI SOIR À LA MAISON

QUE DIRAIS-TU D'UNE PARTIE DE DAMES?

LES DAMES?

HÉ!

DIFFICILES À AVALER, LOURDES DANS L'ESTOMAC

PING PING PTINK PTOINK

PTOINK PTANK PTOONG KOINK KEENK KWANK

BIZARRE

KWINK KEE-TANK KANK-KANK KINKA TINKA KOINK KOINK

J'AI CHERCHÉ ET CHERCHÉ ENCORE

P-KANG P-KOINKA KEENK BINKA BINKA TINKA

MAIS JE NE TROUVE PAS MES CLEFS

KWINKA KWANKA TING TING TIKKA TIKKA TING TING QUINK KANK QUANK TING KANK

AS-TU REGARDÉ DANS LE SÈCHE-LINGE, ABRUTI?

QUEL EST CE SON MÉTAL-LIQUE?

KA-KINK PTOINK PLINKA PTOINK KA-KINK KEENK KWEENK P-KOINK

JIM DAVIS 5-21

J'AI REÇU UN MOT D'UNE ADMIRATRICE INCONNUE!

CELA NE M'ÉTONNE PAS

SI J'ADMIRAIS JON, JE NE VOUDRAIS PAS QUE CELA SE SACHE

J'AI NOTÉ QUELQUES MOTS D'ESPRIT À DIRE DEVANT LA FILLE AVEC QUI JE SORS CE SOIR

«SALUT!»

«ALORS, QUOI DE NEUF?»

MESDAMES ET MESSIEURS, CASANOVA ARBUCKLE

LES FEMMES RAFFOLENT DES POÈMES D'AMOUR

QU'EST-CE QUI RIME AVEC CARCAJOU?

CRÉTIN

J'AI UN RENDEZ-VOUS GALANT!

CETTE FEMME N'EST PAS COMME LES AUTRES

SI TU VOIS CE QUE JE VEUX DIRE

ELLE NE SORT QU'AVEC DES DÉBILES

RENDEZ-VOUS GALANT, CE SOIR, GARFIELD!

ELLE AIME QUE SES MECS AIENT UNE ODEUR VIRILE

JE NE ME LAVE PAS DEPUIS TROIS JOURS!

ÇA EXPLIQUE LA FOUGÈRE MORTE

HEUM

HI! HI! HI!

MA COPINE EST ICI! IL SE TROUVE QU'ELLE EST INVISIBLE!

JE N'AI RIEN DIT

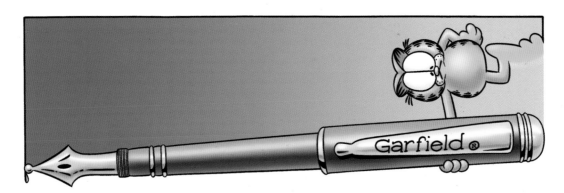

JIM DAVIS 6-4

LA PERSONNALITÉ, VOILÀ CE QUI IMPORTE

LA BEAUTÉ N'EST QU'UNE ENVELOPPE

ON NE JUGE PAS QUEL-QU'UN À SON APPARENCE

DEVINEZ QUI A UN RENDEZ-VOUS ARRANGÉ CE SOIR?

RENDEZ-VOUS RATÉ, GARFIELD

ELLE A TENTÉ DE M'ÉCRASER AVEC SON CAMION

PAR CHANCE, UN DIX-HUIT ROUES N'EST PAS TRÈS MANIABLE

TU AS LE DON DE LES CHOISIR

UN RENDEZ-VOUS ARRANGÉ À UN RALLYE DE CAMIONS MONSTRES. À QUOI J'AI PENSÉ?

ELLE AVAIT UNE BANDE DE POILS ROUGES LE LONG DE LA COLONNE VERTÉBRALE

RIEN SUR LE COCO, SEULEMENT LE LONG DU DOS

ÇA VA, ASSEZ DE DÉTAILS

OH HO, DES RAISINS!

RATÉ!

DOINK

BON ANNIVERSAIRE PAR ANTICIPATION!

NOUS TE RÉSERVONS UNE SURPRISE

D'ACCORD!

GULP

PTUI

IL N'A PAS L'AIR TRÈS HEUREUX

SHIRLEY NON PLUS.

JPM DAVIS 6-18

JIM DAVIS 6·25

M. ARBUCKLE ET SON CHAT SONT DANS LA SALLE DEUX, DR WILSON

ON DIRAIT QU'UNE POULE EST LÀ-DEDANS

BONJOUR, M. ARB...

BUCKLE

LEURS REGARDS SE SONT CROISÉS AU-DESSUS D'UNE TABLE D'EXAMEN EN INOX

UH-HU

BIEN. TIREZ LA LANGUE

JE REFORMULE LA DEMANDE

VOUS ÊTES EN BEAUTÉ AUJOURD'HUI, LIZ

VOUS ÊTES TROP GENTIL

C'EST LÀ UNE ŒUVRE FORT EXPRESSIVE QUI ME PARLE

MERCI!

C'EST LE SCHÉMA DE L'APPAREIL DIGESTIF DU CHAT

QUI PARLE ET DIT «NOURRIS-MOI»

DITES, FRÉQUENTEZ-VOUS QUELQU'UN DE PARTICULIER?

SEULEMENT MES PATIENTS

OÙ EST-IL PASSÉ?

DANS LA SALLE D'ATTENTE. IL EMBRASSE UN SAINT-BERNARD MALADE

COMMENT ALLEZ-VOUS, M. ARBUCKLE?

MOI?

OH, VOUS SAVEZ, MON AGENDA EST SURBOOKÉ DES RENDEZ-VOUS À LA TONNE

FLÛTE, C'EST DOMMAGE

VOYEZ-VOUS ÇA? LA REINE D'ANGLETERRE VIENT JUSTE DE SE DÉSISTER!

EUH, LIZ?

OUI?

MA VOIX S'EST ÉTRAN-GLÉE, NON?

COMME CELLE D'UNE POULE ESSAYANT D'AVALER UNE BOULE DE QUILLE

SLURP

JIM DAVIS 7-9

HUM IL MANQUE QUELQUE CHOSE

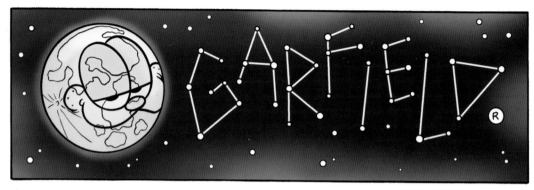

À QUEL DEGRÉ ÊTES-VOUS AMNÉSIQUE?

JE NE ME SOUVIENS DE RIEN. PARLEZ-MOI DE VOUS

IL Y A PEU À DIRE DEPUIS MA DERNIÈRE MISSION DANS L'ESPACE, S'ENTEND

JE VOUS PRIE DE M'EXCUSER, QUI QUE VOUS SOYEZ. JE DOIS ME REFAIRE UNE BEAUTÉ

FLÛTE, ELLE SOUFFRE VRAIMENT D'AMNÉSIE. QU'ALLONS-NOUS FAIRE, GARFIELD?

D'AMNÉSIE, HEIN?

DONC, ELLE NE SE SOUVIENDRA PAS SI ELLE A MANGÉ SON DESSERT OU NON

N'Y SONGE MÊME PAS

ZUT! JE PASSE ENFIN UNE SOIRÉE AVEC HÉLÈNE ET ELLE NE SAIT PAS QUI JE SUIS!

LES CHOSES NE POURRAIENT PAS PLUS MAL ALLER

TU VEUX PARIER?

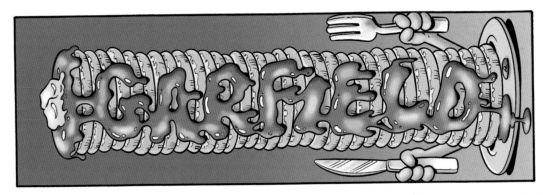

LIZ SORT AVEC UN AUTRE TYPE! MAIS POURQUOI?!

JE PARIE QUE, SI JE ME FAISAIS PASSER POUR UN SERVEUR PARISIEN, JE PARVIEN-DRAIS À APPRENDRE CE QU'IL EN EST

MAIS CE SERAIT UNE IDÉE STUPIDE, N'EST-CE PAS?

TOUT À FAIT

Distributed by Universal Press Syndicate

J'Y VAIS

MON HÉROS!

M'SIEUR-DAME ONT-ILS FAIT LEUR CHOIX?

JON? EST-CE BIEN VOUS?

EUH OUAIS. QU'EST-CE QUI M'A TRAHI? LE MAUVAIS ACCENT?

NON

VOTRE AIDE-SER-VEUR

JIM DAVIS 7-24

LIZ, QUE FAITES-VOUS AVEC CE TYPE?

QUE VOULEZ-VOUS DIRE PAR «CE TYPE»?

VOUS AVEZ DIT QUE VOTRE AGENDA ÉTAIT SURBOOKÉ

J'ESSAYAIS DE VOUS IMPRES-SIONNER

IL FALLAIT BIEN QUE JE SORTE AVEC QUELQU'UN, NON?

HÉ! JE SUIS ENCORE LÀ!

JIM DAVIS 7-25

DITES DONC, CE TYPE VOUS PLAÎT?

À VRAI DIRE, OUI

C'EST JUSTE! JE LUI PLAIS

OUI?

OUI

JE SUIS PERDU

BESOIN DE DIRECTIONS?

JIM DAVIS 7-26

BIDDITTY
BIDDITTY
BIDDITTY
BIDDITTY
BIDDITTY

JIM DAVIS 7-30